# THÈSE

POUR

# LA LICENCE.

**TOULOUSE,**
TYPOGRAPHIE TROYES OUVRIERS RÉUNIS,
**RUE SAINT-PANTALEON, 3.**

A LA MÉMOIRE DE MON PÈRE!

**A MA MÈRE,**

A MES PARENTS, A MES AMIS.

FACULTÉ DE DROIT DE TOULOUSE.

# ACTE PUBLIC

POUR

## LA LICENCE

En exécution de l'Article 4, Titre 2, de la Loi du 22 Ventôse an XII.

SOUTENU PAR

**M. BÉTIRAC (Paul),**

Né à Hérépian (Hérault).

# Jus Romanum.

### De Interdictis.

INST. LIB. IV, TIT. XV.

Interdictum sic appellatum ex eo quod inter duos edicebatur, erat forma verborum, quâ prætor in urbe, proconsulus vel præsides in provinciis quid fieri jubebant, aut fieri quid inhibebant; et quidem tam ad divina quam humana tendebat, tam ad publica quam privata : lex enim in digestorum libris posita (Lib. XLIII, tit. I) sic aicbat « Videamus de quibus » rebus interdicta competunt, et sciendum est, interdicta aut de divinis » rebus, aut de humanis competere. » Tum de divinis rebus competebat interdictum cum à prætore jussum erat, ne quid in locis sacris, vel religiosis fieri; tum de humanis, cùm orta lite inter partes, in rebus quæ fiunt singulorum, prætor in primis de possessione edicebat; tum de publicis, cùm ne quid in loco publico, ne quid in viâ publicâ, tum de privatis, cum de aliquâ re singulari interdicebat.

Sæpiùs interdictum de possessione rerum quæ in dominio nostro sunt competere videbatur ; et præcipue necessarium erat edicere de possesione antequam de proprietate : nam data possessione, finiebantur inter partes querelæ et rixæ : lex ex codice sic dicebat : Incerti juris non est, orta proprietatis et possessionis lite, priùs possessionis decidi oportere quæstionem, competentibus actionibus, ut ex hoc ordine facto, de dominii disceptatione, probationes ab eo qui de possessione victus est, exigantur. (Cod. lib. VIII. tit. I.) Si is adversus quem dicebatur, recte dictum accipiebat, finiebatur lis. Si non, dabat prætor actionem qua in jus veniebant partes.

In his tantum videntur data fuisse interdicta litibus, in quas juris regulis certis non existentibus, prætorem singulatim edicere necessarium erat. Quamvis ad rem spectarent interdicta, quoniam possessionem petebant partes, tamen personalia erant. « Interdicta omnia licet in rem videantur concepta vi tamen ipsa personalia sunt. » (Dig. lib. XLIII, lit. 3, § 3.)

Sunt in interdictis tres divisiones, et prima interdictorum divisio est hæc, sunt prohibitoria aut restitutoria aut exhibitoria. Interdicto prohibitorio prætor aliquid fieri vetebat, sicut ne quid loco sacro, ne quid in via publica, ne quid flumine publico ripave ejus fieri veto. Restitutoria sunt interdicta, quibus prætor alicui reddere aliquid jubebat. Sicut unde vi tu dejecisti possessionem restituas, sicùt quod legatorum dolo malo possides restituas, sicut cum de precario interdicto agebatur. Interdicto exhibitorio exhibere jubebatur veluti de liberis exhibendis, de liberto exhibendo, de tabulis testamenti exhibendis.

Secunda divisio interdictorum est hæc : sunt interdicta ad adipiscendam possessionem , vel ad retinendam, vel ad recuperandam. In illa divisione continentur interdicta quæ sunt in usu frequentissimo, et dominii privati. Adipiscendæ possessionis causa comparatum est interdictum quorum bonorum ; quo possessori bonorum restituebantur res quas quis tenebat, sive heres esset, sive pro herede aut pro possessore. Tenebat pro herede , qui se heredem esse credebat, pro possessore, qui universam hereditatem, vel rem hereditariam sine ullo jure possidebat. Erat restitutorium interdictum quorum bonorum, quòd restituere jubebat prætor , universale etiam, quia ad bonorum universitatem non ad singulas res pertinet. (Dig. lib. XLIII, tit. II.) In interdictis adipiscendæ possessionis numerabatur quorum bonorum, quòd ei tantum utile erat qui primùm possessionem sibi dari oportere dicebat , nam amissa possessione hoc interdictum ad recuperandam inutile fuisset. Erat adipiscendæ possessionis interdictum causa comparatum, quod dicebatur, quod legatorum. Hoc interdicto utebat, heres scriptus adversus eum qui rem hereditariam pro legatorio possidebat, ut posset heres Falcidiam retinere, cum possessor rem occupavisset sine heredis voluntate ; nam si quis forte cœpit possidere ex voluntate heredis, nihil nocet, si postea voluntas non perseverat. Interdictum quod legatorum, erat et utile bonorum possessori, non cæteris successoribus; restitutorium quoque. Interdictum Salvianum reddi solebat adipiscendæ possessionis causa; quo dominus fundi, res a colono in pignus datas petebat, cum colonus non soluto pretio, has res alicui venundasset. Proponebatur etiam interdictum quod vocatur possessorium emptori universorum bonorum alicujus, qui solvere non potuerat. Competebat item emptori bonorum publicorum , quæ fisco dabantur cum quis condemnatus esset, interdictum sectorium : sectores enim vocantur qui bona publica mercantur. (Ex Gaïo C. IV , P. 145 et 146.)

Retinendæ possessionis causa reddebantur interdicta quibus, in tempore litis, possessio dabatur alicui litigantium ; quo facto, alter actor fiebat, alter vero reus. Erat actor adversus quem prætor edicebat. In his interdictis numerantur præcipue interdictum uti possidetis, et utrubi. Ab interdicto uti possidetis dabat possessionem prætor, ei qui tempore quo reddebatur interdictum, sine vitiis possidebat, id est, nec vi, nec clam, nec precario ab adversario. Et in priore quidem is potior est, qui redditi interdicti tempore, nec vi, nec clam, nec precario ab abversario possidet (Paul. Sent. lib. V, tit. VI.) Quamvis possessor ab altero vel vi vel clam vel precario possideret, non vero ab adversario, attamen ei prætor tribuebat possessionem. In interdicto utrubi is erat potior, apud veteres, qui majore parte anni, nec vi nec clam ab adversario possidebat; non inutilis erat possessio alterius, velut ejus cui heres extiterit, ejusque a quo emerit, vel ex donatione acceperit. Et cum possessio propria, justæ possessioni alterius juncta, adversarii exsuperabat possessionem, in utrubi interdicto, vicebat qui alterius suæ adjungerat possessionem, et recte. Justinianus imperator antiquum jus corrigens, voluit illum potiorem esse, qui tempore redditi interdicti, possidebat nec vi nec clam nec precario, ab adversario, instar uti possidetis. Et sciendum est, interdictum uti possidetis de rerum immobilium possessione competere, velut de fundi, de ædificii; utrubi vero de mobilium velut de pecunia, frumenti, vini possessione. Erant prohibitoria interdicta uti possidetis et utrubi.

Recuperandæ possessionis causa interdictum dabat prætor, quo cum per vim dejectus esset possessor a possessione fundi vel ædificii, restituebatur; qua ex causa unde vi appellatum est. Hujus interdicti forma hæc erat : unde vi tu illum dejecisti, etc. Ex antiquo jure, erat in interdicto unde vi differentia, nam si vi armata dejectus est possessor, quamvis aut vi aut clam aut precario possideret, in possessionem mittebatur; si vero, vi non armata dejectus sit, ei tantum possessionem dabat prætor, qui nec vi nec clam nec precario ab adversario possidebat. Imo, ex sacris constitutionibus, qui vi armata alterum dejiciebat, si dominus rei, rem amittebat; si rei dominium non habebat, ad solvendam pecuniam quanti ex rei estimatione, damnandus erat. Sed regnante Justiniano, non est differentia; et semper is qui dejiciebatur, ab interdicto unde vi possessionem recuperabat. Interdicto unde vi, de re immobili agebatur, restitutorium quoque erat.

Ultima est in interdictis divisio, quod sunt aut simplicia, aut duplicia : simplicia, cum alter litigantium actor, alter reus fit. Duplicia vero, cum alteruter tam actoris quam rei partem sustinet. Simplicia sunt interdicta restitutoria et exhibitoria, quippe actor est qui petit, reus, a quo petitur aliquid. Prohibitoria interdicta interdum simplicia, interdum duplicia : simplicia velut ne quid in via publica fiat; duplicia velut uti possidetis et utrubi; in his actor et reus est quisque litigantium.

Sunt autem et alia interdicta de quibus non locuti sumus, in digestorum (libro XLIII) relata, veluti de itinere et actu privato, de rivis, de fonte; quod vi, aut clam, de arboribus cedendis, etc.

Nunc videamus de ordine et exitu interdictorum. Cum apud prætorem vel præsidem essent partes, inter eas edicebat prætor : si is adversus quem datum erat interdictum huic consentiebat, lis finiebatur; et interdictum veri judicis sententia fiebat : si non, actionis formula dabatur, et in jus veniebant partes. Non dubium est, ex Gaïo, in usum fuisse sponsionem et restipulationem apud veteres, et qui potior erat, sponsionis vel restipulationis pecuniam sumebat. In dupliciis, dupliciæ erant sponsiones et restipulationes. Huic interdictorum formæ substituta fuit formula arbitraria; quà judex aut pecuniam quanti ex estimatione, aut rem ipsam de qua agebatur, solvere vel restituere jubebat. Attamen observare debebat qui arbitrium potebat : (ut ita petat, antequam a prætore discedat, sero enim petentibus non indulgebitur ex Gaïo com. IV, p. 164).

# Code Napoléon.

## LIV. III, TIT. II.

### Des Donations entre vifs et des Testaments.

( Articles 1048 — 1100. )

La série d'articles qui va nous occuper, contient quatre Chapitres différents, sur chacun desquels nous aurons à porter successivement notre attention.

### CHAPITRE Ier.

**Des Dispositions permises en faveur des petits-enfants du donateur ou testateur, ou des enfants de ses frères et sœurs, et plus généralement des substitutions.**

Avant d'entrer dans la matière des substitutions, telle que le Code Napoléon l'a organisée, jetons pour en faciliter l'intelligence, un coup d'œil sur le fidéi-commis en Droit Romain, puisque c'est à cette institution que les lois antérieures au Code, et le Code lui-même ont emprunté ce qui est relatif aux substitutions.

En Droit Romain, le fidéi-commis était un moyen d'éluder les rigueurs prohibitives du Droit civil strict dans les dispositions testamentaires. D'après le Droit Civil Romain, il n'était point permis de tester en faveur d'un étranger , d'un célibataire , etc ; souvent pourtant le testateur pouvait se trouver attaché à ces personnes par des liens, soit de parenté , soit de reconnaissance ; et comme il ne pouvait disposer en leur faveur à titre d'héritier , ni de légataire , il instituait une personne capable de recevoir, en la priant de rendre à l'incapable la chose qui faisait l'objet de l'institution. De nombreux abus s'étaient glissés dans ce genre de dispositions. Il arrivait souvent que celui sur la foi de qui le disposant avait compté, en manquait totalement ; pour y remédier , Auguste obligea le fiduciaire à rendre ce qu'il avait reçu à charge de restitution, au fidéicommissaire.

Comme tant d'autres institutions Romaines, le fidéi-commis fut conservé dans notre droit antérieur à la révolution de 1789 , sous le nom de substitution. Le donateur ou testateur pouvait donner tout ou partie de ses biens à une personne, à la charge par elle, de restituer les objets donnés, si l'appelé, le fidéi-commissaire des Romains, lui survivait. De là, cette conséquence que le grevé, fiduciaire à Rome, était propriétaire sous cette condition suspensive, si l'appelé prédécède. Dans le cas où l'appelé venait à recueillir les biens de la substitution, il les prenait libres de toutes charges et hypothèques ; le grevé était censé n'avoir jamais été propriétaire ; lorsqu'au contraire c'était le grevé à qui revenait le bénéfice de la substitution, toutes charges et hypothèques par lui consenties, étaient maintenues. La substitution ainsi organisée pouvait comprendre plusieurs degrés, c'est-à-dire que les biens pouvaient passer successivement à plusieurs personnes, sans subir d'altération, et à charge de restitution successive au profit du dernier appelé.

Cet état de choses maintenu dans les mœurs des siècles antérieurs à la révolution française , avait pour résultat de laisser chaque personne libre d'établir un ordre de succession particulier, de créer ces grandes familles nobilières, en accumulant sur une tête privilégiée, celle de l'aîné, les biens de la famille au détriment des autres membres ; chose évidemment immorale, puisque l'orgueil du nom remplaçait dans le cœur du père l'amour de ses enfants ; de retirer de la circulation une quantité énorme de biens ; car le grevé n'ayant qu'un droit révocable, ne pouvait conférer plus de droits qu'il n'en avait lui-même ; de là, il arrivait que ceux qui avaient cru traiter avec un grand propriétaire, se trouvaient ruinés lorsque le gage sur lequel ils avaient compté, sortait des mains de leur débiteur, et conséquemment la faillite et la banqueroute signalaient chaque génération. Aussi le législateur, dans un but d'égalité et de moralité que nous ne saurions trop louer, fit-il sagement, lorsque dans la loi de 1792, il déclara les substitutions prohibées.

Le Code Napoléon ne maintint pas cette prohibition dans ce qu'elle avait d'absolu, et permit les substitutions, mais avec de nombreuses restrictions. Voyons quel est le système du Code Napoléon. Les art. 1048 et 1049 nous l'apprennent. Sont seules valables d'après ces articles, les dispositions suivantes : « 1° Les père et mère pourront donner, par acte » entre-vifs ou testamentaire, les biens dont ils peuvent disposer, à un » ou plusieurs de leurs enfants, à charge par eux de les restituer à tous » leurs enfants nés ou à naître, au premier degré seulement ; 2° celle » par laquelle une personne sans enfans dispose en faveur de ses frères » ou sœurs, à charge de remettre les biens ainsi donnés à tous les en- » fants nés ou à naître des donataires au premier degré. » Dans ce système les substitutions sont réduites à deux cas seulement, avec un tempérament qui ne les rend plus immorales, celui de ne pouvoir être faites en faveur d'un enfant seul, mais de tous indistinctement ; la propriété se trouve ainsi divisée, et la circulation des biens facilitée ; la propriété n'est pas non plus longtemps incertaine, puisque la substitution ne comprend plus qu'un degré. Ce principe de limitation à un seul degré avait été changé par la loi du 17 mai 1826, qui l'avait étendu à deux ; mais une loi postérieure, celle du 7 mai 1849, rendue sur le rapport de M. Valette, par l'Assemblée constituante, a abrogé celle du 17 mai 1826, et remis en vigueur le système du Code.

Nous allons parcourir les règles relatives aux substitutions : elle peuvent être faites, nous l'avons déjà vu, soit par acte entre-vifs, soit par testament ; la capacité de l'appelé doit exister à la mort du grevé ; un enfant qui ne serait pas né ou conçu à cette époque n'aurait aucun droit sur les biens de la substitution. L'art. 1051 nous apprend ce qu'il faut entendre par ces mots au premier degré, puisqu'il dit que les enfants d'un fils prédécédé du grevé, viennent en représentation de leur père. C'est donc le premier degré de substitution dont la loi a voulu parler. L'art. 1052 a trait à un cas tout à fait spécial. Lorsque, par une disposition entre-vifs l'enfant, les frères ou sœurs auront reçu des biens sans charge de restitution, s'ils acceptent une autre donation entre-vifs ou testamentaire, sous la condition que les biens à eux précédemment donnés seront grevés de restitution, il ne leur sera plus permis de diviser les deux dispositions et de renoncer à la seconde, pour s'en tenir à la première seulement, quand bien même ils offriraient de rendre les biens compris dans la seconde. La substitution a pour effet de rendre l'appelé, quand son droit est ouvert, propriétaire des biens, francs et quittes de toutes charges et hypothèques établies par le grevé : dans un certain cas pourtant, quand même l'appelé aurait renoncé à la succession du grevé, pour s'en tenir aux biens substitués, il ne les reprendra pas entièrement libres. Ce cas est celui de l'art. 1054 ; lorsque le donateur aura ordonné que les biens grevés de restitution seront affectés à la sûreté de la dot de la femme, ces biens passeront entre les mains de l'appelé avec l'hypothèque légale de la femme ; mais celle-ci ne pourra exercer ses reprises que pour le capital de la dot, et seulement après l'insuffisance constatée des autres biens du mari. Le grevé pourra faire sur les biens à charge de restitution, des actes de propriétaire, dans les limites de son droit conditionnel ; l'appelé devra respecter les actes d'administration qu'il aura faits, tels que la vente des meubles, baux, etc.

Les droits de l'appelé seront ouverts à l'époque où la jouissance du grevé viendra à cesser par une cause quelconque, telle que la mort naturelle, autrefois la mort civile, aujourd'hui abolie ; telle encore que celle qui résulte du défaut de nomination d'un tuteur à la substitution, art. 1057 ; enfin, par l'abandon anticipé de la jouissance. Dans ce dernier cas, les créanciers du grevé auront sur les biens les mêmes droits qu'ils auraient eus, s'ils étaient restés dans le patrimoine de leur débiteur jusqu'à sa mort. S'il en était différemment, les créanciers auraient pour faire annuler cette renonciation frauduleuse, le recours de l'art. 1167 C. N.

D'après les dispositions des art. 1055 et 1056, il devra être nommé un tuteur à la substitution. Ce tuteur pourra être nommé par le disposant, soit dans l'acte qui contient la disposition, soit par un acte postérieur en forme authentique ; et à son défaut, à la diligence du grevé s'il est majeur, ou de son tuteur s'il est mineur, et cela dans le délai d'un mois, à compter du décès du disposant. Dans le cas où le grevé n'aurait point satisfait à cette obligation, il serait déchu du bénéfice de la substitution.

Pourront êtra nommées tuteurs aux substitutions, les mêmes personnes qui peuvent l'être pour la tutelle des mineurs ; les motifs de dispense sont les mêmes. Les tuteurs aux substitutions devront surveiller l'accomplissement des devoirs imposés aux grevés ; ces devoirs sont mentionnés dans les art. 1058 et suivants. — Un inventaire devra toujours être dressé, dans le délai de trois mois, à compter du jour du décès du disposant, à l'exception seule où un legs ferait l'objet de la substitution ; le legs, en effet, contient lui-même l'inventaire. L'inventaire prescrit contiendra la mention exacte de tous les biens et effets de la succession, et en outre la prisée à juste prix des meubles et effets mobiliers. Sont chargés du soin de faire dresser l'inventaire, 1o le grevé; 2o son tuteur s'il est mineur ; 3o le tuteur à la substitution dans le délai d'un mois après les trois mois donnés au grevé ; il sera toujours présent à la confection de l'inventaire, dans les deux premiers cas. A défaut de ces personnes, l'inventaire sera dressé, à la requête de l'appelé, de son tuteur s'il est mineur, ou du procureur impérial. Le grevé ou son tuteur, le tuteur à la substitution y seront appelés, les frais seront pris sur les biens grevés de restitution.

Le grevé sera tenu, par cette raison qu'ils peuvent dépérir, de faire vendre aux enchères et par affiches, les meubles de la substitution, excepté néanmoins ceux dont la disposition ordonne expressément la conservation, et les ustensiles et bestiaux qui servent à faire valoir les immeubles. Ces objets devront être rendus en nature par le grevé. Il sera fait emploi des capitaux provenant, soit des sommes comprises dans la substitution, soit du paiement des rentes, des créances, soit de la vente des immeubles. L'emploi sera conforme à la volonté du disposant s'il en a exprimé une ; dans le cas contraire, ces capitaux seront affectés au paiement des dettes de la substitution, et l'excédant servira à l'acquisition d'immeubles. Le tuteur à l'exécution sera présent.

La substitution sera rendue publique afin que la foi des tiers traitant avec le grevé, ne soit pas trompée ; la publicité consiste pour les immeubles dans la transcription, pour les sommes placées avec privilège, dans l'inscription sur les immeubles affectés au privilége. Sont chargés de faire opérer cette publicité, les mêmes personnes obligées de faire dresser l'inventaire. Le défaut de publicité pourra être opposé dans tous les cas, même aux mineurs et interdits, sauf leur recours contre ceux chargés de l'opérer. Le défaut de transcription ne pourra néanmoins être opposé, ni par les héritiers, ni par les légataires du disposant, ni par leurs héritiers ou légataires. Le tuteur à la substitution sera personnellement responsable de l'inexécution des obligations que la loi lui impose; mais le mineur grevé ne pourra, en cas d'insolvabilité du tuteur, être restitué contre cette inexécution.

## CHAPITRE II.

### Des partages faits par père, mère ou autres ascendants entre leurs enfants.

Pour eviter toutes les lenteurs, tous les frais qui sont l'accessoire inséparable d'un partage réglé par la loi, pour mettre un terme aux différends qui s'élèvent presque toujours entre les parties intéressées, et qni jettent le trouble dans les familles, le législateur a dû permettre les partages faits par père, mère et autres ascendants; mais il l'a permis aux ascendants seuls : le frère par exemple, ne pourrait régler l'ordre de sa succession entre ses collatéraux, le fils ne pourrait non plus le faire en faveur de ses ascendants; sans doute, une disposition semblable faite par les personnes auxquelles la loi ne donne pas cette faculté, aurait des effets considérables, puisque les choses qu'elle comprendrait, seraient autant de donations ou des legs soumis aux règles qui leur sont propres, mais elle ne revêtirait pas le caractère spécial que la loi attribue aux partages faits par des ascendants.

Le partage d'ascendant peut être fait, soit par acte entre-vifs, soit par testament; dans le premier cas, ce partage sera assujetti à toutes les formalités des donations entre-vifs, c'est-à-dire qu'il devra résulter d'un acte authentique devant notaire; la capacité du disposant et des enfants, devra exister au moment du contrat, l'acceptation aura lieu, soit par les enfants eux-mêmes, soit par les personnes qui sont chargées d'accepter pour eux dans une donation ordinaire. L'acte fera mention de l'acceptation. Ce partage ne pourra comprendre que les bien présents; si ces biens sont des immeubles, l'acte devra être transcrit; si ce sont des meubles, il en sera dressé un inventaire.

Dans le second cas, le partage est fait dans la forme des testaments ordinaires, et est soumis aux mêmes conditions, c'est-à-dire que le testateur doit avoir la capacité de disposer de ses biens de cette manière. Les enfants doivent être capables de recevoir au jour du décès seulement; de plus il est révocable, etc.

L'ascendant, dans le partage anticipé, est obligé de suivre les règles générales des partages ordinaires, à peine de nullité ou de rescision. Tous les enfants existant au jour du décès du disposant, devront être compris; car ce ne sont point des donations ou des legs qu'il fait, il règle sa succession; si quelqu'un d'eux est prédécédé, ses enfants viennent en représentation, ils doivent donc être compris, le tout à peine de nullité; et un nouveau partage pourra être provoqué, conformément à la loi, par toutes les parties intéressées. Le partage d'ascendant pourrait être aussi rescindé pour cause de lésion de plus d'un quart; dans le cas où il serait attaqué, l'avance des frais serait faite par celui qui aurait à se plaindre, et en définitive il les supporterait tous si sa prétention était reconnue mal fondée.

Dans le partage par testament, le testateur devra se conformer autant qu'il le pourra aux prescriptions de l'art. 832; sans quoi l'enfant qui aurait à se plaindre pourrait le faire rescinder; celui-ci, pour ne pas contribuer aux dettes, sera libre de n'accepter que sous bénéfice d'inventaire. Enfin, dans le partage entre-vifs, les dettes, si elles ne sont point réparties entre les enfants, seront payées, les hypothécaires par les possesseurs des immeubles affectés à l'hypothèque, et les créanciers chirographaires auront le recours de l'art. 1167. Si le partage ne comprend pas tous les biens que le disposant laisse à son décès, le surplus sera partagé conformément à la loi.

## CHAPITRE III.

### Des donations faites par contrat de mariage aux époux et aux enfants à naître du mariage.

Le mariage étant l'acte le plus important de la vie civile, celui dont les effets sont les plus nombreux et les plus considérables, devait être favorisé par la loi. C'est dans ce but de faveur, que le législateur a encouragé les donations faites aux époux et aux enfants à naître du mariage, en les dispensant de quelques-unes des règles qui régissent les donations ordinaires.

Les libéralités faites aux époux par contrat de mariage diffèrent des donations sous plusieurs points ; ainsi : 1° Dans les libéralités aux époux l'acceptation expresse n'est pas requise à peine de nullité ; elle peut résulter de ce que le donateur et le donataire ont été parties à l'acte ; 2° les donations ordinaires sont irrévocables ; dans les donations aux époux, ce principe n'est point absolu ; celles-ci ne sont point révocables pour cause d'ingratitude, parce qu'elles sont censées faites plutôt en faveur de la société conjugale et des enfants à naître, qu'en faveur du donataire seul ; 3° l'objet de la libéralité par contrat de mariage, peut être incertaine ; ainsi on peut donner des biens à venir. Le donateur peut mettre une condition potestative à sa donation, la faire à une personne incertaine, les enfants à naître. Sous d'autres points pourtant, elles sont assujetties aux mêmes règles. Ainsi elles sont nulles, si elles sont faites par des personnes incapables de disposer à titre gratuit ; elles sont révocables pour cause d'inexécution de charges ou conditions; elles sont réductibles , si elles dépassent la quotité disponible.

Les donations faites aux époux par contrat de mariage, peuvent être de différentes espèces : elles peuvent comprendre :

1° *Des biens présents.*—Pour la donation de biens présents, on suit les règles ordinaires des donations. Elle n'est point censée faite aux enfants à naître du mariage ; cependant l'art. 1081 permet au donateur de leur assurer le bénéfice de la substitution , dont nous avons parlé au chapitre premier. Si la donation de biens présents comprend des effets mobiliers , il devra en être dressé un état estimatif. Elle sera soumise à la formalité de la transcription, si elle comprend des immeubles. Elle est révocable pour cause d'inexécution de charges et conditions ou pour survenance d'enfants, elle est de plus réductible si elle dépasse la quotité disponible.

2° *Des biens à venir, tout ou partie des biens que le donateur laissera à son décès.* — Cette donation, vulgairement connue sous le nom d'institution contractuelle , peut être faite tant au profit des époux ou de l'un d'eux , qu'au profit des enfants à naître du mariage, dans le cas où le donateur survivrait à l'époux donataire. Elle peut être universelle , à titre universel ou ne comprendre qu'un objet déterminé. L'institution contractuelle a pour effet de modifier les droits du donateur, elle ne le dépouille pas de la possession des biens , puisqu'il peut les aliéner à titre onéreux , mais elle l'empêche d'en disposer à titre gratuit , si ce n'est pour des valeurs modiques à titre de récompense ou d'œuvres pies. Le donataire a sur les biens un droit irrévocable subordonné à la condition du prédécès du donateur ; l'hypothèque consentie par lui sera donc valable si la condition se réalise, nulle dans le cas où le donateur en dispose à titre onéreux et où il lui survit. Par la donation de biens à venir, le donataire ayant des droits de succession sur les biens donnés, est tenu des dettes du donateur, mais jamais *ultra vires*, et cela se conçoit parfaitement, car s'il en était autrement, le donateur pourrait facilement amener sa ruine.

3° *Des biens présents et à venir , cumulativement.* — Cette donation est préférable pour le donataire à celle de biens à venir seulement, car l'institution contractuelle peut devenir vaine, par les aliénations ou les dettes du donateur, tandis que dans la donation cumulative de biens présents et à venir, le donataire profitera toujours des biens présents. Il sera annexé à l'acte qui contiendra la disposition, un état des dettes et charges du donateur, au moment de la donation; et le donataire sera libre, au décès du disposant, de s'en tenir aux biens présents, et de renoncer au surplus des biens à venir. S'il s'en tient à la donation des biens présents, il ne sera tenu que des dettes qui ont date certaine avant l'acte. S'il n'a pas été annexé d'état des dettes il pourra, au decès, accepter ou répudier; dans le cas d'acceptation, il sera tenu d'acquitter toutes les dettes.

4° *La donation par contrat de mariage peut être faite sous condition potestative.* On comprend que la condition potestative, nuisant au dépouillement irrévocable du donateur, rend nulle la donation ordinaire; mais, nous l'avons déjà dit, le législateur a voulu favoriser la donation aux époux, et cette condition n'en infirme pas la validité; elle obligera donc le donataire, à moins qu'il ne préfère renoncer (art. 1086). Pourtant, si le donateur s'est réservé la faculté de disposer d'un objet faisant partie de la donation, s'il meurt sans l'avoir fait, cet objet appartiendra au donataire.

La loi déclare caduque dans l'art. 1088, toute donation en faveur du mariage, lorsque la célébration n'aura pas eu lieu; la disposition sera aussi caduque, si le donateur survit au donataire et à ses enfants. C'est en vue du mariage et des enfants à naître, que le donateur s'est dépouillé; si donc le mariage n'a pas lieu, ou bien si les époux et leur postérité prédécèdent, il est bien évident que la donation n'a plus d'objet.

## CHAPITRE IV.

### Des dispositions entre époux soit par contrat de mariage, soit pendant le mariage.

On entend par libéralités entre époux, celles que se font les futurs époux en vue du mariage, ou bien celles qu'ils se font pendant le mariage. Les libéralités avant le mariage ont pour cause le bonheur présent, et l'espoir d'un bonheur futur ; pendant le mariage, elles sont le témoignage d'une confiance réciproque, et de plus elles ont pour but de mettre le survivant des époux au-dessus du besoin dans lequel il pourrait se trouver, lorsque ses biens personnels seront insuffisants pour lui procurer le bien-être que pouvait lui assurer, pendant l'union conjugale, la réunion des deux patrimoines.

Les donations entre époux soit par contrat de mariage, soit pendant le mariage, ont des règles qui leur sont communes ; elles sont révocables, pour cause d'inexécution des charges et conditions. Sont-elles révocables pour cause d'ingratitude? Ce point est vivement controversé. Pour nous, nous adoptons l'affirmative, car la solution contraire serait fatale à la paix et à l'harmonie qui doivent régner dans la société conjugale : l'époux donataire pourrait, en effet, porter impunément le trouble dans le ménage, sans craindre d'être dépouillé; il est donc plus salutaire de laisser planer sur la tête des époux la menace de révocation. Les libéralités entre époux sont réductibles lorsqu'elles dépassent la quotité disponible, mais cette quotité varie suivant que l'époux ne laisse point d'enfants d'un premier lit, ou qu'il en laisse.

1re *Hypothèse.* — L'époux donateur ne laisse point d'enfants d'un premier lit : s'il n'a point d'héritiers réservataires, il peut alors disposer en faveur de son conjoint de tous ses biens, comme il le pourrait en faveur d'un étranger. (Art. 916.) Si le conjoint donateur laisse des ascendants, la quotité disponible est de moitié dans le cas où il s'en trouve dans les deux lignes, des trois quarts s'il n'en existe que dans une; il pourra non-seulement disposer de moitié ou des trois quarts suivant les cas, mais, en outre, et c'est là ce qui nous montre encore la faveur que la loi accorde au mariage, de l'usufruit de la réserve des ascendants. (Art. 1094.)

Cette disposition est une véritable anomalie ; car les ascendants ne jouiront presque jamais de la réserve, ils seront décédés à l'époque où leur droit pourrait leur être utile, lors de la réunion de l'usufruit à la propriété. Le conjoint donateur peut aussi laisser des descendants, la quotité disponible est alors réglée par l'art. 1094, qui porte : Dans le cas où le donateur laisserait des enfants ou descendants, il pourra donner à l'autre époux ou un quart en propriété et un autre quart en usufruit, ou la moitié de tous ses biens en usufruit seulement. Ainsi il pourra, dans certains cas, celui par exemple où il a trois enfants, donner plus que la quotité disponible ordinaire, puisque alors la quotité disponible est du quart seulement, et quelquefois moins que la quotité disponible, lorsque, par exemple, il n'aura qu'un enfant. Il est bien entendu que par quart en propriété, on veut parler de la pleine propriété et non de la nue-propriété, comme certains l'ont pensé, par opposition aux mots quart en usufruit.

Il semble étrange que le législateur, dans l'art. 1094, ait mentionné la faculté qu'a le disposant de donner la moitié de l'usufruit; qui peut le plus, dit-on, peut le moins. Sans doute, qui peut le plus peut le moins ; mais cette mention n'est pas inutile, si l'on songe que la loi a voulu limiter la disposition, dans le cas où le donateur aurait cru pouvoir donner plus de la moitié de l'usufruit en compensation du quart en nue-propriété qu'il réserverait.

2me *Hypothèse.* — Le donataire laisse des enfants d'un premier lit. Cette hypothèse est prévue par l'art. 1098, qui porte :

« L'homme ou la femme qui, ayant des enfants d'un autre lit, con-
« tractera un second ou subséquent mariage, ne pourra donner à son
« époux qu'une part d'enfant légitime le moins prenant, et sans que
« dans aucun cas ces donations puissent excéder le quart des biens. »

Le calcul de la part du conjoint a lieu de la même manière que s'il était un enfant légitime; au décès du donateur, on calcule le nombre d'enfants qui sont héritiers ; ceux qui sont morts sans enfants avant le donateur, ou ceux qui renoncent ne sont point compris, et le conjoint prend la même part que celui qui a le moins. Mais remarquons que jamais il ne pourra prendre plus du quart des biens, n'y eût-il même qu'un enfant. S'il y a plusieurs convols successifs, les libéralités faites à tous les conjoints ensemble ne pourront excéder une part d'enfant.

Comme sanction des prescriptions que nous venons d'étudier, la loi pose dans l'art. 1099 la règle suivante :

« Les époux ne pourront se donner indirectement au-delà de ce qui « leur est permis par les dispositions ci-dessus ; toute donation ou dé- « guisée, ou faite à des personnes interposées sera nulle. » La loi distingue les donations indirectes des donations déguisées ou faites à des personnes interposées. Dans le premier cas elles sont réductibles seulement à la quotité disponible, dans le second elles sont nulles.

Sont considérées comme faites à des personnes interposées, d'après l'art. 1100, les donations faites aux enfants, quels qu'ils soient de l'autre époux, issus d'un autre mariage, et celles faites au parent dont l'autre époux est héritier présomptif au moment de la donation.

Les donations entre époux ont des règles différentes, suivant qu'elles sont faites par contrat de mariage ou pendant le mariage.

Les futurs époux peuvent, par contrat de mariage, se faire toutes donations qu'ils jugeront à propos, conformément aux dispositions du précédent chapitre, et que peuvent leur faire des étrangers. Seulement, ces donations ne seront point censées faites aux enfants à naître, qui d'ailleurs retrouveront les biens dans la succession de l'un ou l'autre des époux.

La célébration du mariage sera une condition essentielle de la validité d'une telle convention.

Le mineur incapable d'aliéner ses biens, soit à titre gratuit, soit à titre onéreux, pourra pourtant, par contrat de mariage, faire à son conjoint les libéralités que la loi lui permet, mais avec le consentement de ceux qui doivent l'assister pour le mariage lui-même ; il est, en effet, rationnel que celui qui peut contracter mariage, puisse consentir les clauses et donations qui, le plus souvent, servent à le réaliser.

*Donations pendant le mariage.*

Cette donation peut être souvent le résultat d'un mouvent irréfléchi, inspiré par la passion ou bien celui de la pression morale que le plus fort pourra exercer sur le plus faible des conjoints. Le législateur ne pouvait pas laisser l'époux dépouiller ses parents légitimes sous l'empire de cette tendance soit volontaire, soit forcée ; aussi, il a sagement fait en déclarant que ces donations seraient révocables. Dérogeant même aux règles générales qui soumettent la femme à une espèce de tutelle, en lui imposant l'obligation d'être autorisée de son mari ou de justice dans tous les actes de la vie civile, il a voulu, dans l'art. 1096, que l'autorisation ne fût point nécessaire à la femme pour révoquer ces donations.

Les donations entre époux pendant le mariage étant des actes entre-vifs, sont soumises aux formalités des donations entre-vifs ordinaires : le mineur ne pourra disposer de cette manière ; en vue du mariage à contracter, on devait lui permettre les donations par contrat de mariage ; une fois marié, les mêmes motifs n'existent plus. Ces sortes de libéralités ne pourront être faites non plus, mutuellement par les époux dans un seul et même acte, art. 1097 ; elles seraient pourtant valables par actes séparés faits l'un après l'autre.

---

# Procédure Civile.

## De la Conciliation.

### LIVRE II, TITRE Ier.

La conciliation est une procédure préliminaire devant le juge de paix, dont le but est de provoquer d'essayer une transaction entre parties sur le point de plaider.

Considérée sous ce rapport, la conciliation est une institution toute morale. En effet, tenter un rapprochement entre les plaideurs, les arrêter sur le seuil du procès, éviter ces frais de justice toujours considérables, la plupart du temps d'une valeur supérieure à l'objet litigieux, n'est-ce point uue saine pensée de morale, surtout si l'on considère que le procès une fois entamé, l'on voit les parties livrées aux emportements de la haine, chercher occultement à se nuire l'une à l'autre et perpétuer une inimitié dont la cause aura été souvent futile. Ce but si honnête, le législateur devait chercher à l'atteindre ; il l'a essayé en imposant dans la plupart des causes un essai de conciliation ; l'institution a-t-elle répondu à son attente, aux espérances qu'il était en droit d'avoir dessus, c'est ce que nous nous garderions bien d'affirmer. Le plus souvent la conciliation n'est qu'un essai vain et stérile, qui ne sert qu'à occasionner des lenteurs et des frais ; les parties ne comparaîtront point, ou bien si elles comparaissent, refuseront de se concilier, et le procès déjà engagé dans leur esprit, se trouvera ainsi inutilement retardé.

Quoi qu'il en soit, l'institution de la conciliation existe ; elle a produit d'heureux résultats, elle est, sans nul doute, susceptible d'en produire encore ; il nous est donc indispensable de l'étudier.

L'article 48 au Code de Procédure Civile est ainsi conçu : « Aucune » demande principale introductive d'instance entre parties capables de » transiger, et sur des objets qui peuvent être la matière d'une tran- » saction, ne sera reçue dans les tribunaux de première instance, que le » défendeur n'ait été préalablement appelé en conciliation devant le juge » de paix, ou que les parties n'y aient volontairemeut comparu. » Cet article nous trace les règles que nous avons à suivre pour traiter de la matière de la conciliation. Quelles sont les demandes soumises aux pré-liminaires de la conciliation ? Quelles sont celles qui n'y sont point sou-mises ? Quel sera le juge compétent devant qui devra être fait cet essai ? Quelle sera la procédure à suivre ? Quels seront, enfin, les effets de la conciliation ? Telles sont les questions que nous aurons à traiter dans cinq sections différ entes.

## Section Première.

*Des demandes soumises au préliminaire de la conciliation.*

L'Assemblée Constituaute, dans la loi du 16-24 août 1790, avait institué un tribunal de conciliation ; elle exigea que toutes les demandes, soit en première instance, soit même en appel, fussent soumises à l'essai de la conciliation Il est évident que cet essai devenait inutile en appel ; car, comment pouvait-on supposer qu'après une vaine tentative d'arrangement, après les plaidoiries quelquefois acerbes des avocats, les parties pussent s'entendre ! Aussi, les rédacteurs du Code de Procédure Civile ne reproduisirent pas cette première exigence ; ils se bornèrent à ordonner que toute demande principale introductive d'instance fût précédée de la conciliation. On entend par demande principale, celle en vue de laquelle les parties vont engager le procès, et par demande introductive d'instance celle qui tend à saisir un tribunal de la connaissance d'une cause.

## Section II.

### *Des demandes qui ne sont point soumises au préliminaire de la conciliation.*

Nous venons de voir que les demandes principales et introductives d'instance doivent être précédées des préliminaires de la conciliation. A côté de cette règle générale, l'art. 49 pose des exceptions nombreuses qui peuvent être rangées dans quatre classes. Ces exceptions sont relatives 1° à la qualité et capacité des personnes ; 2° à leur nombre ; 3° au but de la demande ; 2° à la nature de la demande. Examinons :

1° *Exceptions relatives à la qualité et capacité des personnes.* — Sont dispensées des préliminaires de la conciliation, les demandes qui intéressent l'Etat et le domaine, les communes, les établissements publics, les mineurs, les interdits, les curateurs aux successions vacantes. Il est évident que puisque l'essai de la conciliation est exigé dans le seul but de faire intervenir une transaction entre parties, celles-ci doivent avoir la capacité de transiger ; les personnes, soit morales, soit réelles, que nous venons d'énumérer, ne pouvaient y être soumises, vu leur incapacité. L'art. 49, qui énumère les personnes ci-dessus comme dispensées du préalable de la conciliation, n'est pas, à notre avis, limitatif, et nous rangerons dans la classe des incapables dispensés, la femme mariée, incapable de contracter, d'après l'art. 1134 du Code Napoléon, et par conséquent de transiger, et le prodigue qui ne peut agir sans l'assistance d'un conseil judiciaire.

2° *Exceptions relatives au nombre des parties.* — Sont dispensées du prélimaire de la conciliation, d'après le § 6 de l'art. 49, les demandes formées contre plus de deux parties, encore qu'elles aient le même intérêt. On ne peut pas croire que lorsque plusieurs intérêts viendront se croiser, s'entre-choquer, vu le nombre des parties, l'entente puisse être facile ; elle sera même impossible pour ainsi dire. De là, si le législateur n'avait pas pris le parti de les en dispenser, des frais inutiles, des lenteurs que la loi voudrait éviter, et que ne compenseraient point les probabilités plus ou moins fondées d'une conciliation entre plus de trois parties.

3o *Exceptions relatives au but de la demande.* — L'objet de la demande peut bien motiver des exceptions au principe général de l'art. 48. Ainsi les demandes qui requièrent célérité en seront dispensées, et cela parce que la conciliation entraîne des lenteurs qui eussent été souvent regrettables ; les demandes de mise en liberté ; on comprendrait difficilement qu'une cause qui a pour but de rendre un homme à l'exercice de sa faculté de locomotion, le premier et le plus grand des privilèges, fût entravé par les formalités d'un essai en conciliation. Les demandes en matière de commerce ne pouvaient pas non plus y être soumises, parce que le commerce s'exerçant sur des objets mobiliers qui peuvent être facilement déplacés, il était urgent de ne pas laisser échapper ces objets, le gage souvent unique du créancier. Les demandes en paiement de loyers, fermages ou arrérages de rentes ou pensions, feront aussi exception à la règle générale. Ces demandes requièrent ordinairement célérité, parce qu'elles tendent à procurer à certaines personnes leurs seuls moyens d'existence. Nous en dirons autant des demandes en main-levée de saisie, ou opposition, parce que la saisie et l'opposition portent atteinte au crédit de l'individu.

4o *Exceptions relatives à la nature de la demande.* — L'art. 48 soumet au préliminaire de la conciliation les demandes principales introductives d'instance seulement ; les demandes incidentes en sont donc dispensées, telles seront les demandes tendant à faire payer les intérêts d'un capital réclamé, telles encore les demandes en intervention, en garantie, en vérification d'écritures, en désaveu, en renvoi, ces demandes étant presque toujours incidentes à une principale. Cependant, si elles sont formées principalement après jugement rendu sur l'affaire principale, nous n'hésiterons pas à les soumettre à la règle générale. Les demandes devant les tribunaux de commerce sont dispensées du préalable de la conciliation, vu leur caractère de célérité, celles devant le juge de paix aussi, car celui-ci est à la fois conciliateur et juge.

## Section III.

### *Du juge compétent en matière de conciliation*

L'art. 50 nous apprend quel sera le juge compétent. Cet article porte : Le défendeur sera cité en conciliation, en matière personnelle et réelle, devant le juge de paix de son domicile ; s'il y a deux défendeurs, devant le juge de paix de l'un d'eux, au choix du demandeur. L'action est personnelle, lorsqu'on tend à faire déclarer obligée envers soi, une personne qu'on allègue l'être ; elle est réelle, lorsque, sans prétendre qu'une personne est obligée envers soi, on revendique d'elle une chose, un immeuble, par exemple, dont on prétend être le propriétaire. L'obligation de citer le défendeur devant le juge de paix de son domicile, a sa raison d'être, en ceci : qu'il ne pouvait dépendre du caprice d'un demandeur, agissant quelquefois sans aucune espèce de fondement, d'obliger une personne à quitter le siége de ses affaires, pour aller défendre, fort loin, à une action méchamment intentée. Lorsqu'il y a deux défendeurs, comme ils auront probablement le même intérêt, des moyens de défense communs, l'action sera portée, au choix du demandeur, devant le juge du domicile de l'un d'eux.

En matière de sociétés non commerciales, tant qu'elles existent, sera compétent, le juge de paix du lieu où se trouve le siége de la société ; ce qui arrivera rarement, car il sera bien difficile d'assigner à une société civile un siége différent du domicile des associés.

Les demandes entre héritiers, en matière de succession jusqu'au partage inclusivement, les demandes formées par les créanciers du défunt avant le partage, seront portées devant le juge de paix du lieu où la succession est ouverte. Ce juge sera, en effet, par sa position, plus apte à apprécier ces sortes d'actions, il pourra souvent connaître le défunt, ses héritiers, les forces de la succession, les biens qui la composent, etc.

## Section IV.

*De la procédure en matière de conciliation.*

D'après les termes de l'art. 48, les parties pourront comparaître volontairement devant le juge de paix, qui leur donnera acte de leur comparution. Mais ce sera bien certainement le cas le plus rare, et le plus souvent, il sera besoin d'un appel direct au défendeur. Cet appel aura lieu par voie de citation, d'après les termes, sera cité, de l'art. 48. Cette citation doit être donnée par un huissier de la justice de paix du défendeur. Elle énoncera sommairement l'objet de la demande, dit l'art. 52, pour le surplus des énonciations, telles que celles de la date des jours, mois et an, domicile des parties, etc., elles sont les mêmes que celles requises pour la citation, devant le juge de paix juge véritable, et non conciliateur, et énumérées dans l'art. 1er du Code de Procédure. Le délai de la citation sera de trois jours au moins, mais trois jours francs, entre celui de la remise de la citation, et celui de la comparution. Les parties pourront comparaître par elles-mêmes, ou par un fondé de pouvoir; l'art. 53 leur donne cette latitude, pourvu qu'elles aient des raisons légitimes pour ne pas comparaitre elles-même; dans la pratique cette restriction est méconnue. Le fondé de pouvoir peut être toute personne capable d'en représenter un autre : ainsi, elle peut être aujourd'hui un avocat, un avoué, quoique sous l'empire de la loi du 16-24 août 1790, il ne fût pas loisible aux parties de confier leur mandat à un homme de loi.

Supposons les parties devant le juge-de-paix. Aux termes de l'art. 54, le demandeur pourra expliquer sa demande, c'est-à-dire exposer ses motifs, produire ses moyens, développer ceux qui ont été indiqués sommairement dans la citation, ajouter de nouvelles conclusions, mais en rapport, bien entendu, avec les premières. Ainsi on pourra, quoiqu'on ne l'ait pas fait dans la citation , conclure aux intérêts d'une somme réclamée.

Le défendeur pourra, de même, exposer ses moyens de défense, former les demandes qu'il jugera convenables , en rapport, toutefois, avec les prétentions du demandeur. Les parties entendues, le juge-de-paix usera de son ministère pour les amener à une transaction, et dressera un procès-verbal dans lequel seront contenues les conditions de l'arrangement s'il a lieu; dans le cas contraire, il fera mention de la non-conciliation. Si l'une des parties défère le serment à l'autre, le juge-de-paix le recevra, ou bien fera mention du refus de le prêter; le serment pouvant suppléer les preuves, et finir ainsi, un procès prêt à s'engager, devait, dans le cas où les parties voudraient y recourir, être mentionné dans le procès-verbal.

## Section V.

### *Des effets de la conciliation.*

En cas de non-comparution, le défendeur (ce sera le cas le plus fréquent), sera condamné à une amende de dix francs, amende assez modique, il est vrai, mais qui, dans le cas où elle ne serait point acquittée, aurait pour résultat de lui faire refuser toute audience, ce qui entraînerait sa condamnation par défaut.

Le procès-verbal de conciliation, dans les cas où elle aura lieu, donnera aux conventions y relatées force d'obligation privée, c'est-à-dire qu'il fera bien foi comme un acte authentique jusqu'à inscription de faux, mais ce ne sera point un véritable jugement emportant soit hypothèque, soit exécution, puisqu'il n'émanera pas d'un véritable juge. Voilà le sens que la loi a voulu donner à ces mots : aura force d'obligation privée.

La citation en conciliation aura pour effet d'interrompre la prescription, et de faire courir les intérêts dans le cas où elle sera suivie d'une demande en justice, dans le mois à dater de la non-comparution, ou de la non-conciliation , c'est-à-dire qu'une prescription qui allait s'accomplir au détriment du demandeur, sera interrompue par la citation; il ne pouvait pas en être autrement; car, du moment que le préliminaire de la conciliation est imposée à toute demande introductive d'instance, si cette demande seule était interruptive de la prescription, il est évident qu'à l'instant où l'on reconnaîtrait son droit, s'il ne restait que quelques jours, il serait fatalement prescrit. La disposition de l'art. 57 est donc juste et équitable en ce qui concerne la prescription; elle ne l'est pas moins au point de vue des intérêts. On ne pourrait les faire courir si la demande en conciliation ne le faisait pas, dans le cas où ils ne peuvent courir qu'après une demande en justice; par exemple dans le cas de l'art. 1153 du Code Napoléon, où il est dit que les dommages et intérêts résultant du retard dans l'exécution d'une obligation bornée au paiement d'une certaine somme, ne sont dus que du jour de la demande en justice.

L'essai de conciliation aura finalement pour effet, de faire recevoir devant le tribunal de 1re instance, les demandes assujetties à ce préliminaire.

---

# Droit Criminel.

**De la peine des travaux forcés et des incapacités auxquelles elle soumet les condamnés d'après les dispositions des lois des 30 et 31 mai 1854.**

La peine des travaux forcés est le résultat d'une condamnation criminelle : elle est ou perpétuelle, ou temporaire. Lorsqu'elle est temporaire, elle varie entre un minimum fixé à cinq ans et un maximum fixé à vingt ans.

Le mode d'exécution de la peine des travaux forcés, était naguère encore reglé par l'article 15 du Code Pénal : elle était subie dans des bagnes établis à cet effet dans nos ports militaires : Toulon, Rochefort, Brest. Les hommes y étaient employés aux travaux les plus pénibles, ils traînaient à leurs pieds un boulet, ou étaient attachés deux à deux avec une chaîne lorsque la nature de leur travail le permettait. L'article 16 ajoutait : les femmes et les filles condamnées aux travaux forcés, n'y seront employées que dans l'intérieur d'une maison de force.

Ce mode d'exécution vient d'être entièrement changé, par la loi du 30 mai 1854. Avant d'entrer dans l'examen des articles de cette loi nouvelle, voyons quelles sont les considérations qui ont pu déterminer le législateur a déroger au mode antérieurement suivi.

Le but que doit se proposer le législateur dans l'application de la peine, c'est l'expiation du crime, l'amendement du coupable, la préservation de la société contre le retour de pareils attentats ; les moyens de l'atteindre, est un problème dont la solution a été longtemps cherchée. En 1810, Napoléon lors de la révision de notre législaiion criminelle, voulut rendre le châtiment plus exemplaire, lui donner un caractère d'intimidation plus efficace ; et pour cela, il ne trouva rien de mieux que de soumettre le condamné à l'infamie de l'exposition, de la marque, du carcan ; et de maintenir la mort civile. Les mœurs et les progrès de notre époque, ont déjà fait justice de tous ces accessoires barbares de la peine, et aujourd'hui la marque, le carcan, l'exposition ont successivement disparu de nos institutions, et la mort civile même vient d'être abolie par l'Assemblée législative, le 31 mai 1854, à l'unanimité de ses membres.

Ce qui aurait dû surtout attirer l'attention du législateur de 1810, et ce qui ne le préoccupa pas assez, c'est d'abord le contact des condamnés entre eux pendant l'accomplissement de la peine. Les bagnes sont, pour ainsi dire, la réunion où se discutent les moyens de perpétration de nouveaux méfaits, un clôaque impur où s'organise le crime; et si une idée de repentir pouvait surgir dans le cœur d'un condamné, elle serait vite étouffée au contact de ces hommes pour qui la religion n'existe pas, et qui se dépravent mutuellement. Ensuite, c'est la situation des condamnés après l'expiration de la peine : Pour lui, la peine n'est pas tout entière dans la durée de l'emprisonnement ; lorsqu'il est libéré, il trouve difficilement à s'occuper ; toutes les voies lui sont fermées, et lors même qu'on consentirait à l'employer, il manquerait d'habileté pour exercer lucrativement sa profession. Le plus souvent, le condamné, manquant de travail, se voyant l'objet du mépris général, repoussé de cette société dans laquelle il n'est rentré que pour s'y voir reprocher sa flétrissure, en présnce de ces mœurs qui repoussent obstinément la réhabilitation inscrite pourtant dans la loi, sera forcé de retomber dans l'abîme qui s'était ouvert une première fois devant lui ; de là la récidive en permanence.

Et de plus, les bagnes offrent-ils un caractère d'intimidation suffisant ? Evidemment non, le sort des forçats qui jouissent d'une quasi-liberté dans l'exécution des travaux, soit dans les arsenaux, soit dans les ports, est envié par les réclusionaires, qui commettent quelquefois des crimes dans les maisons centrales, dans le seul but de se faire envoyer au bagne.

Cet état de choses devait faire sentir la nécessité d'une réorganisation ; dès 1821 on s'en occupa, et le gouvernement proposa la transportation. En 1827, quarante-deux conseils généraux donnèrent un avis favorable. M. Duchatel présenta en 1846 et 1847, deux projets successifs, dont le 1er, celui de 1846, tendait à substituer l'isolement à la réunion des condamnés ; cet isolement devait cesser après 12 ans, et la transportation venait ensuite à l'expiration des 12 ans. Ce système avait l'inconvénient de prolonger outre mesure l'isolement, et de plus, il soulevait des difficultés pécuniaires très-considérables. Dans le 2e projet, l'Algérie était indiquée comme lieu de transportation. La révolution de 1848 entraîna, comme cela arrive toujours après une commotion politique, l'idée d'une réforme pénale ; la transportation se fit de nouveau jour, dans la proposition à l'Assemblée législative de MM. Boinvilliers et Dupetit-Thouars. Le président de la République, dans son message de 1850, disait : Six mille condamnés dans les bagnes grèvent le budget d'une charge énorme, ils se dépravent et menacent la société ; il me semble possible de rendre la peine des travaux forcés plus efficace, plus moralisatrice, moins dispendieuse et plus humaine, en l'utilisant au projet de la colonisation française. Un décret du 27 mars 1852 ordonna l'envoi à la Guiane de deux mille forçats. Et enfin est venue pour couronner l'œuvre, la loi du 30 mai 1854, rendue sur le rapport de M. du Miral.

La loi nouvelle nous semble plus efficace, en ce sens, qu'elle perpétue l'expatriation, ordonne la transportation dans une terre lointaine, et délivre notre société, par ce moyen, de la plaie des libérés et des récidivistes. Les condamnés ne sont plus, dans la société nouvelle dont ils sont susceptibles de faire partie, l'objet d'une répulsion universelle, ils peuvent donc mieux s'amender. De plus, elle donne un moyen suffisant d'intimidation par l'éloignement de la colonie où doit être subie la peine ; enfin, elle peut avoir, au point de vue de la colonisation, quoique point de vue accessoire, d'heureux résultats ; témoin ceux qu'a obtenus par ce moyen l'Angleterre, à la Nouvelle-Hollande, Botani-Bay et Van-Diemen.

Entrons maintenant dans l'examen des principales dispositions de la loi : L'art. 1er s'exprime ainsi : « La peine des travaux forcés sera subie

» à l'avenir dans des établissements créés par décret de l'Empereur, sur le » territoire d'une ou plusieurs possessions françaises autres que l'Al- » gérie ; néanmoins, en cas d'empêchement à la translation des con- » damnés, et jusqu'à ce que cet empêchement ait cessé, la peine sera su- » bie provisoirement en France. » Cet article laisse au chef de l'Etat le choix du lieu où sera subie la peine des travaux forcés ; dans aucun cas ce ne pourra être l'Algérie. On a semblé craindre que la proximité de cette colonie ne fût point un moyen suffisant d'intimidation. Le lieu où les forçats subissent aujourd'hui leur peine est Cayenne et les îles du Salut. S'il y a empêchement à la transportation, ce qui peut arriver, soit à cause d'une guerre maritime, soit d'une épidémie, la peine est subie provisoirement en France ; cette mesure est très sage, parce qu'il fallait assurer la répression du condamné.

L'art. 2 nous apprend que les condamnés seront employés aux travaux les plus pénibles de la colonisation ; il reproduit les disposition de l'art. 15 du Code Pénal sus-mentioné. D'après l'art. 4, il est donné au gouvernement la latitude de faire conduire les femmes condamnées aux travaux forcés, aux colonies ou de ne pas le faire ; s'il adopte le premier parti, les femmes seront séparées des hommes et assujetties à des travaux en rapport avec leur sexe.

L'art. 5 abroge l'art. 72 du Code Pénal, et porte que la peine des travaux forcés ne pourra être prononcée contre ceux qui auront atteint l'âge de 60 ans accomplis au moment du jugement ; on comprend que l'exécution de la peine au-delà des mers eût été presque toujours un arrêt de mort pour ces personnes, la peine des travaux forcés sera à leur égard remplacée par celle de la réclusion.

D'après l'art. 6, tout condamné à moins de huit ans de travaux forcés, sera tenu, à l'expiration de sa peine, de résider dans la colonie pendant un temps égal à la durée de sa condamnation. La durée de la résidence se calcule d'après la peine prononcée. Si la condamnation est de huit ans, ou plus, le condamné sera tenu d'y résider toute sa vie. Une disposition expresse des lettres de grâce pourrait seule dispenser le condamné de l'obligation de la résidence.

L'art. 10 établit un tribunal maritime spécial pour juger les crimes ou délits des condamnés ; les lois qui concernent les forçats sur ce point, continueront à être exécutées.

Les forçats, d'après l'art. 11, qui auront, par leur bonne conduite, leur travail et leur repentir, mérité de l'indulgence, pourront être autorisés à travailler soit pour les habitants de la colonie, soit pour les administrations locales ; et de plus on pourra leur accorder la faculté de cultiver provisoirement pour leur compte des terres, dont la concession pourra devenir définitive après leur libération.

L'art. 15 applique les dispositions de la présente loi aux condamnations antérieurement prononcées. On pourrait en induire qu'elle rétroagit sur le passé, et pourtant l'art. 2 du Code Napoléon déclare que la loi n'a point d'effet rétroactif ; cette induction disparaît bientôt, si l'on songe qu'une loi qui règle le mode d'exécution d'une autre loi, ne rétroagit point sur les principes de celle-ci.

*Des incapacités encourues d'après les dispositions des lois des 30 et 31 mai 1854.*

Sous l'empire du Code Pénal, la condamnation aux travaux forcés à temps, emporte la peine accessoire de la dégradation civique, et de l'interdiction légale, du jour où la condamnation contradictoire est devenue irrévocable, et en cas de condamnation par contumace, du jour de l'exécution par effigie ; la peine des travaux forcés à perpétuité, emportait la mort civile. La loi du 31 mai 1854 est venue changer les dispositions du Code Pénal sur ce dernier point et lui substituer d'autres incapacités.

Par la mort civile, dit l'art. 25 du Code Napoléon : « Le condamné perd » la propriété de tous les biens qu'il possédait; sa succession est ouverte » au profit de ses héritiers auxquels ses biens sont dévolus de la même » manière que s'il était mort naturellement et sans testament. Il ne peut » plus ni recueillir une succession ni transmettre à ce titre les biens

» qu'il a acquis par la suite, il ne peut ni disposer de ses biens en tout
» ou en partie, soit par donation entre-vifs, soit par testament, ni rece-
» voir à ce titre : Son mariage est dissous quant à tous ses effets civils,
» il est incapable d'en contracter un qui produise aucun effet civil, etc. »

Cette peine de la mort civile, avec les nombreux effets que nous venons d'énumérer, présentait de fort graves inconvénients ; elle avait d'abord celui d'être indivisible, c'est-à-dire celui de ne pouvoir varier entre un minimum et un maximum, vice reconnu par la loi ; la culpabilité en effet peut varier suivant les circonstances. Elle était très sensible aux criminels non endurcis, elle les frappait rudement, cruellement, en multipliant contre eux les incapacités; pour les autres, elle n'était point une peine, ceux-ci vivaient et mouraient sans se douter qu'ils eussent été frappés par elle un seul instant. Un des plus graves inconvénients de cette loi était encore celui de frapper des personnes innocentes ; en dissolvant le mariage, le conjoint du coupable ne se trouve-t-il point frappé injustement? Elle était enfin immorale, parce qu'elle avait pour effet de briser les liens les plus sacrés, ceux du mariage et de la famille. Elle assimilait la femme vertueuse à la concubine, les enfants nés d'une continuation de relations étaient adultérins aux yeux de la loi ; elle envoyait les fils recueillir les dépouilles anticipées de leur père, et les mettait dans l'alternative de se déshonorer ou d'éluder la loi.

Signaler ces inconvénients, c'est bien indiquer la nécessité d'une réforme; aussi le législateur s'est-il souvent préoccupé de la question. Lorsqu'en 1803, la mort civile empruntée à la *maxima capitis diminutio* des Romains, fut insérée dans nos lois, elle souleva bien d'objections et de scrupules au sein du Tribunat. Quoi qu'il en soit, elle passa dans nos Codes. Lors de la réforme du Code Pénal en 1832, MM. Taillandier et Charamaule, à la chambre des députés, s'élevèrent vivement contre la mort civile, la commission se prononça même contre. M. Decases, à la chambre des pairs, la combattit aussi. Remise en question en 1834 par MM. Devaux et Taillandier, elle fut supprimée par l'Assemblée législative en 1850, dans son application à la déportation. Enfin, sur la proposition du gouvernement, la loi du 31 mai 1854, votée à l'unanimité, sur le rapport de M. Riché, a débarrassé notre législation d'un débris qui attristait le seuil de ce beau monument que le monde nous envie, le Code Napoléon.

L'art. 1er de la nouvelle loi est ainsi conçu : « La mort civile est abolie. » Que va-t-elle lui substituer ? nous le trouvons dans les art. 2 et suivants.

Art. 2. « Les condamnations à des peines afflictives perpétuelles, emportent la dégradation civique et l'interdiction légale. » Comme pour la peine des travaux forcés à temps, nous trouvons ici la dégradation civique et l'interdiction légale. La première consiste dans la privation plus ou moins étendue de certains droits civils, politiques et de famille. Ainsi, le condamné frappé de dégradation civique sera destitué et exclu de toutes fonctions publiques, il sera privé du droit de vote, d'éligibilité, du droit de porter aucune décoration; il ne pourra être témoin aux actes, juré, expert; il ne pourra pas non plus faire partie d'un conseil de famille, être ni tuteur, ni curateur, ni subrogé-tuteur, si ce n'est de ses propres enfants, etc. (Art. 34 du Code Pénal).

Pendant la durée de sa peine, le condamné aux travaux forcés sera en état d'interdiction légale, c'est-à-dire qu'il lui sera nommé un tuteur et un subrogé-tuteur pour gérer et administrer ses biens. Il sera frappé comme l'interdit judiciairement, des incapacités énumérées aux art. 502 et 509 du Code Napoléon.

L'art. 3 de la loi du 31 mai 1854 ajoute à ces incapacités celle de ne pouvoir disposer de ses biens, en tout ou en partie, ni par donation entre-vifs, ni par testament : le condamné ne pourra non plus recevoir à ce titre, si ce n'est pour cause d'aliments; son testament antérieur à la condamnation est aussi nul. Contrairement aux dispositions de l'art. 29, Code pénal, la loi nouvelle dans ce même art. 3, ne prononce les incapacités pour le contumace, que cinq ans après l'exécution par effigie.

L'art. 4 donne au gouvernement la faculté d'accorder au condamné, dans le lieu d'exécution de la peine l'exercice de quelques-uns des droits civils, sans que dans aucun cas, cette autorisation puisse lui être utile pour lui permettre d'engager les biens qu'il avait antérieurement à sa condamnation, ou qu'il pourrait avoir acquis à titre gratuit. Ces deux dispositions sont conformes à celles de l'art. 12 de la loi du 30 mai 1854.

L'art. 5 déclare que les effets de la mort civile cessent pour les condamnés actuellement morts civilement, sauf les droits des tiers. Cette disposition, quoique en faveur des condamnés, ne pouvait atteindre les droits déjà acquis.

L'art. 6 n'applique point la loi nouvelle aux condamnations à la déportation pour crimes commis antérieurement à sa promulgation.

Telles sont, en résumé, les dispositions de la loi du 31 mai 1854, qui a mis les déchéances auxiliaires des peines perpétuelles, plus en rapport avec nos mœurs et les progrès de la raison publique.

---

Cette Thèse sera soutenue, en séance publique, dans une des salles de la Faculté, le 7 août 1855.

*Le Président de la Thèse,*

**MASSOL (de Montastruc).**

Toulouse, Imprimerie Troyes OUVRIERS REUNIS, rue Saint-Pantaléon, 3.

TOULOUSE
OUVRIERS RÉUNIS
St-Pantaléon, 3.

www.ingramcontent.com/pod-product-compliance
Lightning Source LLC
LaVergne TN
LVHW020258230826
846091LV00006B/2473

* 9 7 8 2 0 1 9 9 9 4 4 0 2 *